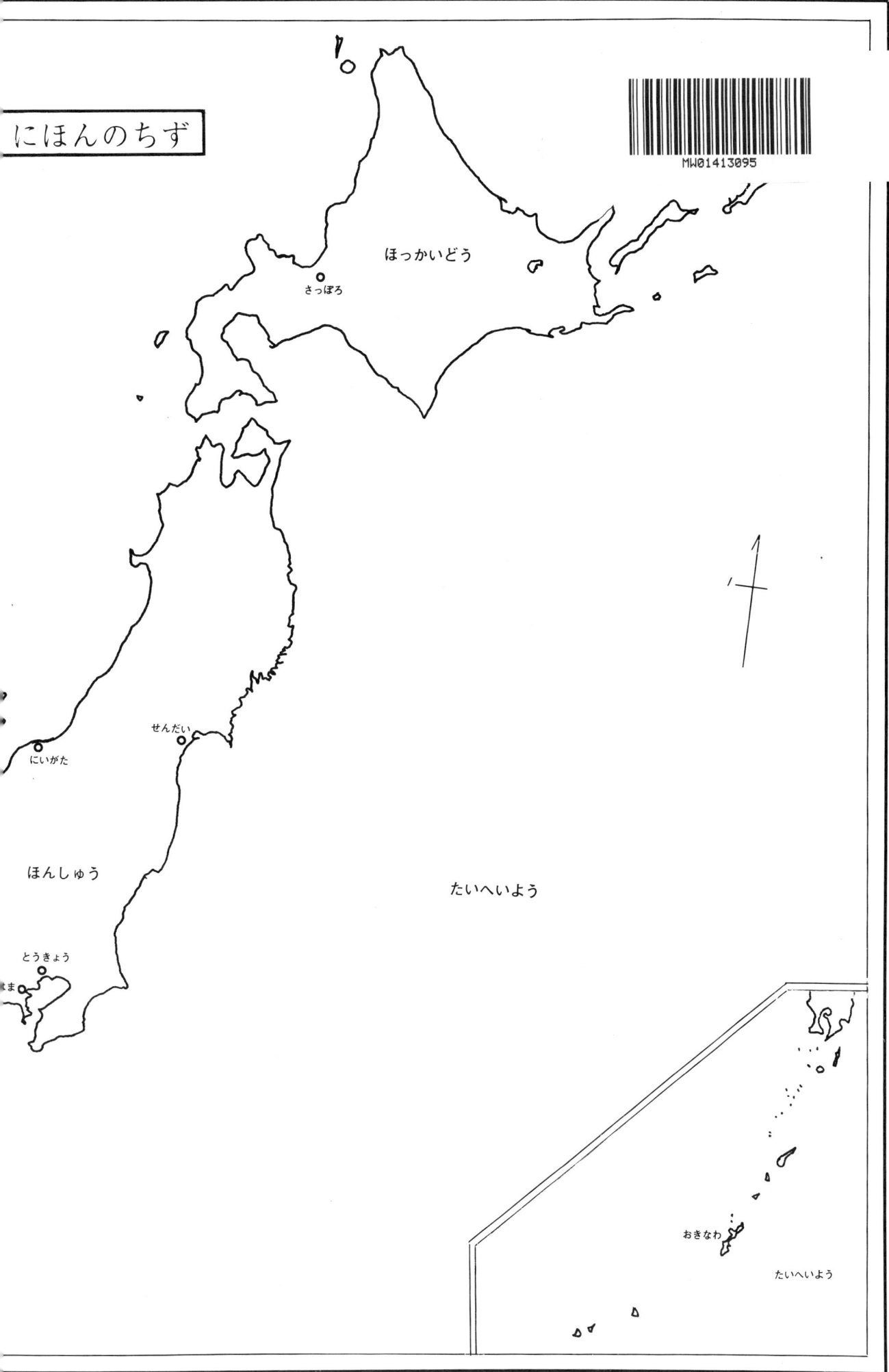

こんにちは　日本語

Hello in Japanese
Vol. I

# こんにちは 日本語

## Hello in Japanese Vol. I

Keiko Inoue

Copyright © 1990 Keiko Inoue and The Japan Forum

First Printing 1990

1990, 1991, 1992, 1993, 1994, 1995, 10, 9, 8, 7, 6, 5, 4, 3, 2, 1

HEIAN INTERNATIONAL, INC.
P.O. Box 1013
Union City, CA 94587

All rights reserved. This book may not be duplicated in any way without the expressed written consent of the publisher, except in the form of brief excerpts or quotations for the purpose of review. Making copies of this book, or any portion for any purpose other than your own, is a violation of United States copyright laws.

Printed in the United States of America

ISBN: 0-89346-340-X

# Foreword

This is a textbook for beginners. It is most appropriate for classroom learning and teaching in American schools. The textbook is adaptable to various teaching methods; it focuses on sentence patterns rather than grammar. It is designed to teach communicable Japanese in context. Major grammar points that are required by college level Japanese courses are covered in the first and second volumes. The many illustrations, both in the textbook and workbook as well as the tape, will provide study opportunities and fun. The dialogues demonstrate both the formal and informal speech levels that reflect Japanese social concepts. All dialogues and worksheets are written in Japanese characters. Your study of Japanese will be facilitated by learning and working with the phonetic symbols of *hiragana* and *katakana* from the beginning.

# Acknowledgements

I would like to thank the Japan Forum for the grant which allowed me to develop these materials for use in the United States of America. I would also like to express my appreciation to the various teachers and schools in Washington who reviewed the first draft. Ms. Hitomi Jitodai (Franklin High School), Ms. Akemi Smith (Shorecrest), Ms. Leslie Birkland (Lake Washington High School), Ms. Kristin Henshaw (Bainbridge High School), Ms. Taeko Tashibu (Auburn High School), Ms. Mayumi Smith (Everett Community College), and Lynn Toomb (Renton High School). I am indebted to my friends, Dr. Hiroshi Watanabe and Professor Yasuko Watanabe of Colgate University, for their practical, valuable suggestions as well as their warm encouragement and tireless assistance. Last but not least, I am grateful to Mr. Yutaka Sasaki for his wonderful layout and for his supervision of the illustrations by Tracy Tsutsumoto. This textbook is the result of the support of many people. I thank them for their help and hope that this book will be used by many.

# Contents

| | | |
|---|---|---|
| Foreword | | v |
| Acknowledgements | | vi |
| Introduction | | 1 |
| Lesson 1: | はつおん | 7 |
| Lesson 2: | あいさつ | 9 |
| Lesson 3: | じこしょうかい | 13 |
| Lesson 4: | ひらがなとかたかな（１） | 17 |
| Lesson 5: | ひらがなとかたかな（２） | 23 |
| Lesson 6: | これはなんですか。 | 25 |
| Lesson 7: | きょうかしょですか。 | 29 |
| Lesson 8: | だれのかさですか。 | 33 |
| Lesson 9: | いつですか。 | 37 |
| Lesson 10: | なにをする？ | 43 |
| Lesson 11: | なにをした？ | 47 |
| Lesson 12: | どこにいく？ | 53 |
| Lesson 13: | テレビのばんぐみ（１） | 57 |
| Lesson 14: | テレビのばんぐみ（２） | 61 |
| Lesson 15: | かぞく | 65 |
| Appendix | | 71 |
| Vocabulary | | 85 |

# Introduction

かんじ、ひらがな、かたかな

The Japanese writing system uses three kinds of characters: *kanji*, *hiragana* and *katakana*. *Kanji* are ideograms which represent meanings; *hiragana* and *katakana* are phonograms which represent sounds but not meanings. *Kanji* were orginally imported from China, and many of them have been simplified over the centuries. Some *kanji* have more than one Chinese-derived reading. For instance, the *kanji* 四 is read yon, shi or yo.

Both *hiragana* and *katakana* were devised during the Heian Period (797-1192 A.D.). *Hiragana* is used to write standard Japanese while *katakana* is used for special words. You will find *katakana* used for foreign names, foreign words, onomatopoeia, interjections, slang, puns, and sometimes the names of plants or animals. They are also used when special emphasis on a word or phrase is desired.

## I. The Rules For Writing

1. The change from an unvoiced consonant to a voiced consonant is indicated by two small dots. Only the [k], [s], [t], and [h] group of single consonants can be voiced.

    か － が　　さ － ざ　　た － だ　　は － ば

2. The change from [h] group consonants to [p] group consonants is indicated by a small circle.

    は － ぱ　　ひ － ぴ　　ふ － ぷ

    へ － ぺ　　ほ － ぽ

3. Combined consonants are indicated by small や, ゆ, and よ.

    きゃ　　きゅ　　きょ　　しゃ　　しゅ　　しょ

4. Small つ appears only before [k],[s],[t] and [p] sounds. It never appears at the beginning of a word.

    がっこう　　けっさく　　しっています　　すっぱい

5. ん appears only within or at the end of a word, never at the beginning of a word.

    どんな　　ほん　　にんき　　こんにちは

6. Long vowels must be written as follows:

   [ei] → [ee] い   e.g. せんせ<u>い</u>

   [ou] → [oo] う   e.g. おはよ<u>う</u>

7. The particle [wa] is used with a subject; [e] with a place and [o] with an object; they are indicated by hiragana for は, へ, and を respectively.

   わたし<u>は</u>　マーサです。

   がっこう<u>へ</u>　いきます。

   すし<u>を</u>　たべました。

8. Japanese commas and periods are written as follows:

   Comma = 、         Period = 。

9. Traditionally, Japanese is written in vertical columns which go from right to left as below.

Today, however, many people write horizontally and from left to right, especially in documents, scientific materials and business letters.

# ひらがな

## Vowels & Single Consonants

|       | [a] | [i] | [u] | [e] | [o] |
|-------|-----|-----|-----|-----|-----|
|       | あ  | い  | う  | え  | お  |
| [k]   | か  | き  | く  | け  | こ  |
| [s]   | さ  | し  | す  | せ  | そ  |
| [t]   | た  | ち  | つ  | て  | と  |
| [n]   | な  | に  | ぬ  | ね  | の  |
| [h]   | は  | ひ  | ふ  | へ  | ほ  |
| [m]   | ま  | み  | む  | め  | も  |
| [y]   | や  |     | ゆ  |     | よ  |
| [l/r] | ら  | り  | る  | れ  | ろ  |
| [w]   | わ  |     |     |     | を  |
| [N]   | ん  |     |     |     |     |

Note: There is no distinction between the sounds [l] and [r] in Japanese; [l] and [r] are allophones.

## Voiced consonants

| [g] | が | ぎ | ぐ | げ | ご |
| [z] | ざ | じ | ず | ぜ | ぞ |
| [d] | だ | ぢ | づ | で | ど |
| [b] | ば | び | ぶ | べ | ぼ |

## Half voiced consonants

| [p] | ぱ | ぴ | ぷ | ぺ | ぽ |

Combined consonants

| きゃ | きゅ | きょ |
|---|---|---|
| しゃ | しゅ | しょ |
| ちゃ | ちゅ | ちょ |
| にゃ | にゅ | にょ |
| ひゃ | ひゅ | ひょ |
| みゃ | みゅ | みょ |
| りゃ | りゅ | りょ |

| ぎゃ | ぎゅ | ぎょ |
|---|---|---|
| じゃ | じゅ | じょ |
| びゃ | びゅ | びょ |

| ぴゃ | ぴゅ | ぴょ |
|---|---|---|

# かたかな

Vowels & Single Consonants

|     | [a] | [i] | [u] | [e] | [o] |
|-----|-----|-----|-----|-----|-----|
|     | ア  | イ  | ウ  | エ  | オ  |
| [k] | カ  | キ  | ク  | ケ  | コ  |
| [s] | サ  | シ  | ス  | セ  | ソ  |
| [t] | タ  | チ  | ツ  | テ  | ト  |
| [n] | ナ  | ニ  | ヌ  | ネ  | ノ  |
| [h] | ハ  | ヒ  | フ  | ヘ  | ホ  |
| [m] | マ  | ミ  | ム  | メ  | モ  |
| [y] | ヤ  |     | ユ  |     | ヨ  |
| [l / r] | ラ | リ | ル | レ | ロ |
| [w] | ワ  |     |     |     | ヲ  |
| [N] | ン  |     |     |     |     |

Note: There is no distinction between the sounds [l] and [r] in Japanese; [l] and [r] are allophones.

Voiced consonants

| [g] | ガ | ギ | グ | ゲ | ゴ |
|-----|----|----|----|----|----|
| [z] | ザ | ジ | ズ | ゼ | ゾ |
| [d] | ダ | ヂ | ヅ | デ | ド |
| [b] | バ | ビ | ブ | ベ | ボ |

Half voiced consonants

| [p] | パ | ピ | プ | ペ | ポ |
|-----|----|----|----|----|----|

Combined consonants

| キャ | キュ | キョ |
|---|---|---|
| シャ | シュ | ショ |
| チャ | チュ | チョ |
| ニャ | ニュ | ニョ |
| ヒャ | ヒュ | ヒョ |
| ミャ | ミュ | ミョ |
| リャ | リュ | リョ |

| ギャ | ギュ | ギョ |
|---|---|---|
| ジャ | ジュ | ジョ |
| ビャ | ビュ | ビョ |

| ピャ | ピュ | ピョ |
|---|---|---|

| ティ | | | |
|---|---|---|---|
| ファ | フィ | フェ | フォ |

# Lesson 1:   はつおん

Sound System and Pronunciation: Japanese words are made up of syllables. Syllables are composed of the following elements:

1. 5 vowels:  あ  い  う  え  お

2. 40 single consonants combined with 5 vowels.

3. 20 voiced consonants such as が, ざ, だ, ば, etc.

4. 5 half-voiced consonants:  ぱ  ぴ  ぷ  ぺ  ぽ

5. Nasal syllabic, ん, the only consonant which stands alone.

6. Combined consonants such as きゃ, ぎゃ, じゃ, じょ, etc.

I. Study Guide for Japanese Pronunciation

1. Give each syllable equal length and force.

   は つ お ん          あ い さ つ          と も だ ち

2. Distinguish between short and long vowels.

   | [a]  | おばさん   | おかさん   |       |
   |------|-----------|-----------|-------|
   | [aa] | おばあさん | おかあさん |       |
   | [i]  | い        | おじさん   | かい  |
   | [ii] | いい      | おじいさん | かいい |
   | [u]  | うん      | くき       | ゆき  |
   | [uu] | ううん    | くうき     | ゆうき |
   | [e]  | え        |            | ね    |
   | [ee] | ええ      | おねえさん | ねえ  |

   Note: [ei] which occurs in the words such as せんせい or えいが would be pronounced [ee] by a majority of Japanese.

| | | | |
|---|---|---|---|
| [o] | おき | と | おい |
| [oo] | お<u>お</u>きい | と<u>お</u> | おおい |

Note: [ou], which occurs in the words such as おは<u>よう</u> or ど<u>う</u>ぞ, changes to [oo] in the pronunciation.

3. Distinguish presence and absence of small っ.

<u>し</u><u>て</u><u>い</u><u>ま</u><u>す</u> － <u>し</u><u>っ</u><u>て</u><u>い</u><u>ま</u><u>す</u>        <u>い</u><u>て</u> － <u>い</u><u>っ</u><u>て</u>

<u>き</u><u>て</u> － <u>き</u><u>っ</u><u>て</u>        <u>せ</u><u>け</u><u>ん</u> － <u>せ</u><u>っ</u><u>け</u><u>ん</u>

4. Distinguish voiced consonants from unvoiced consonants.

<u>か</u>く － <u>が</u>く    は<u>ん</u> － <u>ば</u>ん    さん<u>さ</u>ん － さん<u>ざ</u>ん

5. Distinguish combined consonants from single consonants.

<u>びょ</u><u>う</u><u>い</u><u>ん</u> － <u>び</u><u>よ</u><u>う</u><u>い</u><u>ん</u>    <u>きゃ</u><u>く</u> － <u>き</u><u>や</u><u>く</u>

<u>きょ</u><u>う</u> － <u>き</u><u>よ</u><u>う</u>    <u>し</u><u>ま</u><u>しょ</u><u>う</u> － <u>し</u><u>よ</u><u>う</u>

6. Learn to devoice [i] and [u] between unvoiced sounds and at the end of a sentence.

いきま<u>す</u>    はつ<u>か</u>    け<u>し</u>き    は<u>き</u>け    は<u>し</u>か

7. Pay special attention to the following syllables し, ち, す, つ, ふ, ら, り, る, れ, and ろ.

しち    ちいさい    ふたつ    すいか    つり    ごふん

りんご    まるい    きれ    ろく    しつれい

8. Learn nasal syllable [N].

ど<u>ん</u>な    こ<u>ん</u>な    そ<u>ん</u>な    あ<u>ん</u>な    な<u>ん</u>ですか

# Lesson 2:　あいさつ

Situation 1: Greeting between a teacher and a student

せいと　　：　せんせい、おはようございます。

せんせい：　おはようございます。

　　　　　　みなさん、げんきですか。

せいと　　：　はい、げんきです。　おげんきですか。

せんせい：　ええ、おかげさまで。

Situation 2: Greeting between friends

じゅん：　みきさん、おはよう。　げんき？

みき　：　おはよう。　げんきよ。　じゅんくんは？

じゅん：　うん、げんき。　じゃあ、また。

みき　：　あとでね。　さようなら。

I. Vocabulary

| | | |
|---|---|---|
| 1. | あいさつ | greeting |
| 2. | せんせい | teacher(s) |
| 3. | せいと | student(s) |
| 4. | おはようございます／おはよう | Good morning |
| 5. | こんにちは | Good afternoon / Good day |
| 6. | こんばんは | Good evening |
| 7. | みなさん | everyone |
| 8. | おげんきですか／げんき？ | How are you? |
| 9. | げんきです／げんき | (I) am fine. |
| 10. | おかげさまで | (I) am fine. |
| 11. | はい／ええ／うん | Yes. |
| 12. | いいえ | No. |
| 13. | さようなら | Good-bye |
| 14. | じゃあ | Well, Then |
| 15. | また | again |
| 16. | あとで | (See you) later |
| 17. | *くん／さん | See Note |
| 18. | *ね | Particle |
| 19. | *よ | Particle |
| 20. | *か | Particle |

Notes:

1. おはようございます。　　　　　　　formal

    おはよう。　　　　　　　　　　　　informal

    おげんきですか。　　　　　　　　　formal

    おげんき？／げんき？　　　　　　　informal: add rising intonation.

2. お + Noun is polite or honorific.

    *Do not say 'おげんきです' for, 'I am fine.'

3. はい／いいえ　　　　　　　　　　　formal

    うん／ええ　　　　　　　　　　　　informal

4. くん — man's name ＋ くん

    さん — woman's/man's name ＋ さん

    *Do not add さん or くん to your name.

5. Traditionally Japanese greet one another by bowing. Today they also shake hands with foreigners or with other Japanese in greeting.

## II. Grammar Points

1. Particle: ね — Used when the speaker wants confirmation or agreement from the listener. It means 'OK?'

    よ — Used when the speaker wants to emphasize or to point out something. げんきよ and げんき mean the same thing, but the former is somewhat more emphatic.

    か = ? e.g. おげんきです<u>か</u>   In Japanese the word order doesn't change for an interrogative sentence.

2. Singular = Plural

There is no distinction between singular and plural; thus せんせい can be 'one teacher' or 'more than one.'

Lesson 3:   じこしょうかい

Situation: にほんごの　クラス

Ken and Miki are introducing themselves.

Lisa and Ann are meeting for the first time.

Jim is asking Mark's name and Mark is replying.

ジム　：　ぼくは　ジム　ブッシュ　です。
　　　　　はじめまして。　どうぞよろしく。

リサ　：　わたしは　リサ　ワシントン　です。
　　　　　はじめまして。　どうぞ　よろしく。

みき　：　わたしは　たなか　みき　です。　どうぞ　よろしく。
　　　　　あなたの　おなまえは？

マーク：　ぼくは　マーク　キム　です。　どうぞ　よろしく。

マーサ：　わたしは　マーサ　チャン　です。
　　　　　どうぞ　よろしく。

ケン　：　ぼくは　ケン　マクドナルド　です。
　　　　　よろしく　おねがいします。

アン　：　アン　ホワイト　です。
　　　　　はじめまして。　どうぞ　よろしく。

じゅん：　ぼくは　じゅん　ゆざわ　です。
　　　　　どうぞ　よろしく。

Use your name in the dialogue and introduce yourself to your classmates. Ask your classmates' names. Don't forget to bow when you say, "It's nice to meet you."

Listen to the tape and learn to introduce yourself to your teacher. Remain formal when you speak to those who are your elders.

I. Vocabulary

| | | |
|---|---|---|
| 1. | じこしょうかい | self-introduction |
| 2. | にほんごのクラス | Japanese class |
| 3. | *わたしは／ぼくは | I |
| 4. | あなたの | your |
| 5. | *ぼくの／わたしの | my |
| 6. | はじめまして | *How do you do? |
| 7. | どうぞ　よろしく | I am glad to meet you. |
| 8. | *なまえ／おなまえ | name |
| 9. | おなまえは？ | (What is your) name? |
| 10. | よろしく　おねがいします | I am glad to meet you. |
| 11. | ジム　ブッシュ | Jim Bush |
| 12. | リサ　ワシントン | Lisa Washington |
| 13. | マーク　チャン | Mark Chang |
| 14. | ケン　マクドナルド | Ken MacDonald |
| 15. | アン　ホワイト | Ann White |
| 16. | じゅん　ゆざわ | Jun Yuzawa |
| 17. | たなか　みき | Tanaka, Miki |
| 18. | だれ　ですか | Who is it? |
| 19. | *です | Copula.　See Grammar Points |
| 20. | しつれいですが | Excuse me, but... |
| 21. | *の | Particle.　See Grammar Points |
| 22. | *は | Particle.　See Grammar Points |

Notes:

1. わたしは and わたしの are used by both men and women.

2. ぼくは and ぼくの are used only by men.

3. なまえ ＝ おなまえ　　おなまえ is the polite form. *Do not use おなまえ to refer to yourself.

4. たなか　みき　vs　じゅん　ゆざわ: Traditionally the family name comes first, then the first name. In the dialogue たなか　みき, a student from Japan, gives her name as the Japanese do, but じゅん　ゆざわ, an American-born Japanese, gives his name in the western style.

II. Grammar Points

1. Particle:　N-subjectは
    e.g. わたしは　たなかです。 'I am Tanaka.'
    　　　subject

    *は is pronounced [wa] as a particle.

    NのN = XのY　　'X belongs to Y, X's Y'

    e.g. わたしのなまえ　My name

2. Copula:　Nです。

    です makes the statement "X is Y."

    e.g. わたしは　みきです。 'I am Miki.'

3. Interrogative: だれ + ですか。

III. Sentence Pattern

1. Nは N です。
2. Nは N ですか。
3. だれ ですか。

Lesson 4:　　ひらがなとかたかな（１）

Dialogue 1:　　ひらがなを　れんしゅうします。

せんせい：　みなさん、おはようございます。

せいと　：　せんせい、おはようございます。

せんせい：　げんきですか。

せいと　：　はい、げんきです。（せんせいは）おげんきですか。

せんせい：　ええ、おかげさまで。

Dialogue 2

せんせい： きょうは、ひらがなを　れんしゅうします。
　　　　　ジムくん、このひらがなは　なんですか。
　　　　　よんでください。
ジム　　： さあ、、、　わかりません。
せんせい： では、リサさん。　わかりますか。
リサ　　： はい、わかります。（そのひらがなは）「う」です。
せんせい： そうですね。　よく　できました。
　　　　　では、みんなで　いってください。
せいと　： 「う」
せんせい： もう　いちど。
せいと　： 「う」
せんせい： よく　できました。

I. Vocabulary

| | | |
|---|---|---|
| 1. | ひらがな | hiragana syllables |
| 2. | れんしゅうします | to practice |
| 3. | きょう | today |
| 4. | *この | this |
| 5. | なんですか | What is it? |
| 6. | さあ、、、 | let's see..., hmmm... |
| 7. | *では | Well; then |
| 8. | わかります | to understand |
| 9. | わかりますか | Do you understand? |
| 10. | そうです | That's right. |
| 11. | よく | well |
| 12. | できました | have done/completed |
| 13. | みんなで | with everybody |
| 14. | *よんでください | Please read. |
| 15. | もう いちど | one more time |
| 16. | *を | Particle |
| 17. | かたかな | katakana syllables |
| 18. | *いってください | Please say. |
| 19. | *きいてください | Please listen. |
| 20. | にほんご | Japanese language |

Notes:

| | | |
|---|---|---|
| よんでください | － よみます | to read |
| いってください | － いいます | to say |

19

きいてください － ききます　　to listen

できました　　－ できます　　to be able to, can

では ＝ じゃあ　(Lesson 2)

「 」represent quotation marks.

II. Grammar Points

1. Particle: N-objectを

2. Verb Suffix:

    a. Vます　　　　－ non-past-affirmative form

    Vません　　　　－ non-past-negative form

    Vました　　　　－ past-affirmative form

    Vませんでした　－ past-negative form

    b. Vて／で ください is the polite request form, and it means 'Please do (something).'

    e.g. よんで ください　'Please read'

3. この／その／あの + N: Meaning is 'this N,' 'that N,' 'that N over there.' They modify a following noun.

    e.g. このひらがな　'this hiragana'

III. Sentence Pattern

Read the following sentences to your teacher and classmates. Your teacher and classmates should react accordingly, doing what you ask.

1. Nを　V: れんしゅうします。

    よんでください。

20

2. この　　　　　　　　　　　　　　この
　　その ｝ Nは　なんですか。→　その ｝ Nは　Nです。
　　あの　　　　　　　　　　　　　　あの

3. わかりますか。　　－　いいえ、わかりません。
　　　　　　　　　　　　　はい、わかります。

　　わかりましたか。　－　いいえ、わかりませんでした。
　　　　　　　　　　　　　はい、わかりました。

4. よんでください。
　　いってください。

Lesson 5:　ひらがなとかたかな（２）

せんせい：　きょうは　ひらがなを　かきます。
　　　　　　このひらがなは　なんですか。
　　　　　　マークくん、わかりますか。

マーク　：　「は」です。

せんせい：　「は」ですか。　いいえ、「は」じゃありません。
　　　　　　では、ケンくん。　わかりますか。

ケン　　：　「ほ」ですか。

せんせい：　そうです。　「ほ」ですよ。　わかりましたか。
　　　　　　では、かいてください。
　　　　　　みなさん、かきましたか。

せいと　：　はい、かきました。

せんせい：　ちょっと、みせてください。　よく　できました。
　　　　　　では、もう　いちど　かいてください。

I. Vocabulary

1. かきます　　　　　　　　　　　　　to write
2. *かいてください　　　　　　　　　Please write
3. ちょっと　　　　　　　　　　　　a little, a bit
4. *みせてください　　　　　　　　　Please show
5. *かきました　　　　　　　　　　　wrote
6. *じゃありません　　　　　　　　　Copula-negative. See Grammar Points

Notes:

1. かいて　ください　－　かきます　to write
2. みせて　ください　－　みせます　to show
3. かきました　　　　－　かきます　to write

II. Grammar Point

Copula-negative: じゃありません is the negative form of です.

e.g.　「さ」です。　　　「さ」じゃありません。

It is 「さ」.　　　　It is not 「さ」.

III. Sentence Pattern

1. Nを　V: かきます。

　　かいてください。

　　かきましたか。

　　みせてください。

　　よんでください。

2. Nは　Nじゃありません。

Lesson 6:　　これは　なんですか。

Situation 1: At a store

マーサ　　：　それは　なん　ですか。
てんいん：　これは　えんぴつ　です。
マーサ　　：　ちいさい　ですねえ。　いくら　ですか。
てんいん：　にひゃく　ごじゅうえん　です。
マーサ　　：　これを　ください。
てんいん：　ありがとうございます。

I. Vocabulary

| | | |
|---|---|---|
| 1. | *これは | this one. See Grammar Points |
| 2. | えんぴつ | pencil |
| 3. | ちいさい | small |
| 4. | いくら | How much (is the price)? |
| 5. | にひゃく | 200 |
| 6. | ごじゅう | 50 |
| 7. | えん | yen (¥) (Classifier) |
| 8. | *これを | this one. See Grammar Points |
| 9. | ください | Please give (me something). |
| 10. | ありがとうございます | Thank you. |
| 11. | *おおきい | big |
| 12. | あかい | red |
| 13. | くろい | black |
| 14. | あおい | blue |
| 15. | *ねえ | Isn't it (true)! See Note. |
| 16. | *デパート | department stores |
| 17. | ボールペン | ball-point pens |
| 18. | みせ | store |
| 19. | ビル | building |
| 20. | *それは | that one |
| 21. | *あれは | that one over there |
| 22. | *それを | that one |
| 23. | *あれを | that one over there |

26

Notes:

1. ねえ: Mild exclamation.

    e.g ちいさいですねえ。 '(It) is small, isn't it!'

2. おおきい — Is not written おうきい．

## II. Grammar Points

1. Number + Classifier: #C    e.g. にひゃく えん
                                    #      C

2. Adjectives:

    a. Japanese adjectives end with い．

    b. Adjective + です

    c. Adjective + Noun (Lesson 8)

## III. Sentence Pattern

1. これ  
   それ }は なんですか。 →   これ  
                            それ }は　Nです。  
   あれ                      あれ

2. Nを ください。

3. (Nは) いくら ですか。

4. #えん です。

5. (Nは) Adjective です。

6. Adj. +ですねえ。

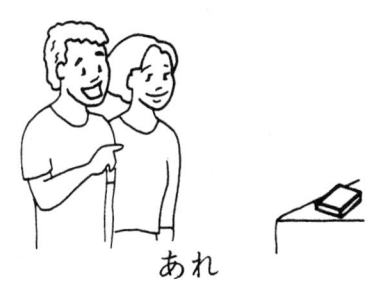

# Numbers

1. いち
2. に
3. さん
4. し／よん
5. ご
6. ろく
7. しち／なな
8. はち
9. きゅう／く
10. じゅう
11. じゅう いち
12. じゅう に
13. じゅう さん
14. じゅう し
15. じゅう ご
16. じゅう ろく
17. じゅう しち
18. じゅう はち
19. じゅう きゅう／く
20. に じゅう

30. さん じゅう
40. よん／し じゅう
50. ご じゅう
60. ろく じゅう
70. しち／なな じゅう
80. はち じゅう
90. きゅう じゅう
100. ひゃく
200. に ひゃく
300. さん びゃく
400. よん ひゃく
500. ご ひゃく
600. ろっ ぴゃく
700. なな ひゃく
800. はっ ぴゃく
900. きゅう ひゃく
1000. せん
10000. いち まん

Lesson 7:　それは　きょうかしょですか。

Situation: At a bookstore

ケン　　　：　それは　にほんごの　きょうかしょ　ですか。

てんいん：　いいえ、きょうかしょ　じゃありません。
　　　　　　　まんが　です。

ケン　　　：　まんが？　おもしろい　ですか。

てんいん：　ええ、とても　にんきが　ありますよ。

ケン　　　：　たかい　ですか。

てんいん：　あまり　たかくありませんよ。　さんびゃくえん　です。

I. Vocabulary

| | | |
|---|---|---|
| 1. | きょうかしょ | textbook |
| 2. | ほんや | bookstore |
| 3. | まんが | comic book, cartoon |
| 4. | おもしろい | interesting, funny |
| 5. | とても | very |
| 6. | *にんきが あります | is popular |
| 7. | たかい | expensive, high |
| 8. | *あまり | not very much, not so much |
| 9. | *たかくありません | not expensive |
| 10. | やすい | inexpensive, cheap |
| 11. | ほん | book |
| 12. | ざっし | magazine |
| 13. | つまらない | boring |
| 14. | よみます | to read |
| 15. | *じゃありませんでした | (x) was not (Y). See Grammar Points |

Notes:

<u>たかくありません</u> – たか<u>い</u> 'expensive'

II. Grammar Points

1. Adjective-negative

   e.g.　やす<u>い</u>　→　やす<u>くありません</u>

2. あまり + Adjective-negative/ V-negative

   e.g.　あまり　たかくありません。
   It is not very expensive.

   あまり　よみません。　(I) don't read very much.

III. Sentence Pattern

1. N は　とても　Adjective です。

2. N は　あまり　Adjectiveく　ありません。

3. N は　にんきが　あります。

Lesson 8:　だれのかさ　ですか。

Dialogue 1

せんせい：　これは　だれの　かさ　ですか。

ジム　　：　さあ、、、　ぼくの　じゃありません。

みき　　：　あっ、それは　わたしの　です。

せんせい：　いいかさ　ですねえ。

みき　　：　ありがとうございます。

Dialogue 2

たなかさん：　かわいいねこ　ですねえ。　ゆざわさんの　ですか。

ゆざわさん：　いいえ、わたしの　ねこ　じゃありません。

たなかさん：　じゃあ、だれの　ねこ　ですか。

ゆざわさん：　ホワイトさんの　ですよ。

たなかさん：　ああ、そう　ですか。　かわいい　ですねえ。

I. Vocabulary

| | | |
|---|---|---|
| 1. | だれの | Whose |
| 2. | かさ | umbrella |
| 3. | ぼくの | mine, my (Lesson 3) |
| 4. | わたしの | mine, my (Lesson 3) |
| 5. | いい | good |
| 6. | あたらしい | new |
| 7. | あなたの | yours, your |
| 8. | あっ | exclamation: oh!, oops! |
| 9. | *の | Particle. See Grammar Points |
| 10. | *かわいい | cute |
| 11. | ねこ | cat |
| 12. | いぬ | dog |
| 13. | ひと | person, people |
| 14. | ああ | Oh |
| 15. | そうですか | Is that right? |
| 16. | がっこう | school |
| 17. | うち | house |
| 18. | しろい | white |

II. Grammar Points

1. Particle: NのN

   a. N-personの N: e.g. リサさんの えんぴつ
      Lisa's pencil

   b. N-personの (N):   The second noun can be omitted when it is apparent from the context. e.g. わたしの（かさ）

2. Adjective + Noun:  あたらしい かさ 'new umbrella'
                      Adj.       N

3. Interrogative: だれの e.g だれのほん ですか。

III. Sentence Pattern

1. だれのN ですか。

2. PersonのN です。

3. Personの です。

4. Personの じゃありません。

5. Adj + Noun です。

6. Adj + Noun ですねえ。

# Lesson 9: テストは いつ ですか。

Dialogue 1

ジム　　　：　せんせい、にほんごの　テストは　いつ　ですか。

せんせい：　じゅうがつ　よっか　です。

リサ　　　：　なんようび　ですか。

せんせい：　きんようび　です。

ケン　　　：　むずかしい　テスト　ですか。

せんせい：　いいえ、むずかしくありませんよ。

　　　　　　やさしいです。

I. Vocabulary

1. いつ — When(?)
2. にほんご — Japanese language
3. テスト — test
4. じゅうがつ — October
5. よっか — the 4th day of the month
6. なんようび — What day (of the week)?
7. きんようび — Friday
8. むずかしい — difficult
9. *むずかしくありません — is not difficult
10. やさしい — easy
11. クリスマス — Christmas Day
12. イブ — (Christmas) Eve
13. たんじょうび — birthday
14. おばあさん — grandmother
15. おじいさん — grandfather
16. おばさん — aunt
17. おじさん — uncle
18. カレンダー — calendar

Notes:

むずかしい － むずかしくありません

II. Grammar Points

1. Interrogative: <u>いつ</u> + ですか

2. Classifiers:  #か／#にち — days of the month

    #がつ     — days of the year

    #ようび   — days of the week

III. Sentence Pattern

1. Nは いつ ですか。

2. Nは N-time です。

IV. Time Words

1. Days of the week:

    にち <u>ようび</u>  Sunday

    げつ ようび  Monday

    か   ようび  Tuesday

    すい ようび  Wednesday

    もく ようび  Thursday

    きん ようび  Friday

    ど   ようび  Saturday

2. Days of the month:

1st.   *ついたち
2nd.   ふつか
3rd.   みっか
4th.   よっか
5th.   いつか
6th.   むいか
7th.   なのか
8th.   ようか
9th.   ここのか
10th.  とおか
11th.  じゅう いち にち
12th.  じゅう に にち
13th.  じゅう さん にち
14th.  *じゅう よっか
15th.  じゅう ご にち
16th.  じゅう ろく にち
17th.  じゅう しち にち
18th.  じゅう はち にち
19th.  じゅう く にち
20th.  *はつか
21st.  にじゅう いち にち
24th.  *にじゅう よっか
30th.  さんじゅう にち
31st.  さんじゅう いち にち

3. The months of the year:

| | | | |
|---|---|---|---|
| 1. | いち | がつ | January |
| 2. | に | がつ | February |
| 3. | さん | がつ | March |
| 4. | し | がつ | April |
| 5. | ご | がつ | May |
| 6. | ろく | がつ | June |
| 7. | しち | がつ | July |
| 8. | はち | がつ | August |
| 9. | く | がつ | September |
| 10. | じゅう | がつ | October |
| 11. | じゅういち | がつ | November |
| 12. | じゅうに | がつ | December |

Lesson 10: きょう　なにを　する？

Situation: Informal conversation between friends.

マーク： リサ、きょう　なにを　する？

リサ　： おねえさんと　えいがに　いくわ。マークは？

マーク： ぼくは　じゅんと　テニスを　するよ。

Situation: Formal conversation.

アン　　　： せんせい、あした　なにを　しますか。

せんせい： ともだちと　スキーに　いきます。
　　　　　　アンさんは？

アン　　　： わたしは　ケンくんと　ダンスに　いきます。

せんせい： いいですねえ。

I. Vocabulary

| | | |
|---|---|---|
| 1. | ともだち | friends |
| 2. | なに | What(?) |
| 3. | *する／します | to do |
| 4. | おねえさん | older sisters |
| 5. | えいが | movies |
| 6. | *いく／いきます | to go |
| 7. | テニス | tennis |
| 8. | *と | Particle: with (a person) |
| 9. | *に | Particle: to (an event) |
| 10. | あした | tomorrow |
| 11. | スキー | skiing |
| 12. | ダンス | dancing |
| 13. | ゴルフ | golf |
| 14. | バスケット | basketball |
| 15. | フットボール | football |
| 16. | おとうさん | father |
| 17. | *ううん | No (informal) |
| 18. | パーティー | party |
| 19. | だれと | with whom |
| 20. | かいもの | shopping |

Notes:

1. する　　　　informal

　　します　　　formal

　　いく　　　　informal

　　いきます　　formal

　　する？　　　informal question

　　しますか　　formal question

2. ううん　　　informal

　　いいえ　　　formal

## II. Grammar Points

1. Particle: Person と V

    e.g. キムくんと　しました。

    Event に V: いきます／きます

    e.g. テニスに　いきます。

2. V-informal: for informal conversation.

   Vます: for formal conversation.

## III. Sentence Pattern

1. なにを　　Vますか。

2. なにを　　V？

3. Person と　V: いく／いきます／する／します

4. Event に　V: いく／いきます

# Lesson 11: きのう　なにを　した？

Dialogue 1: Informal Conversation

リサ：　きのう　なにを　した？

みき：　おとうとと　マクドナルドへ　いった。

　　　　それから、しゅくだいを　した。　リサは　なにを　したの？

リサ：　おにいさんと　えいがに　いった。

　　　　レインマンを　みたわ。

みき：　おもしろかった？

リサ：　うん、とっても　よかった。

Dialogue 2: Formal Conversation

とよだ： ほんださん、きのう なにを しましたか。

ほんだ： いもうとと かいものに いきました。

それから、えいがを みました。

とよださんは？

とよだ： ぼくは たなかさんと ゴルフを しましたよ。

ほんだ： そうですか。 いいゲーム でしたか。

とよだ： いいえ、あまり おもしろくありませんでした。

ほんだ： それは ざんねん でしたね。

I. Vocabulary

| | | |
|---|---|---|
| 1. | きのう | yesterday |
| 2. | *した／しました | did |
| 3. | おとうと | younger brother |
| 4. | マクドナルド | McDonald's |
| 5. | *いった／いきました | went |
| 6. | それから | and then, after that |
| 7. | しゅくだい | homework |
| 8. | レインマン | "Rain Man" |
| 9. | *みた／みました | saw, watched |
| 10. | *おもしろかった | was interesting |
| 11. | *とっても | very c.f. とても (Lesson 7) |
| 12. | *よかった | was good |
| 13. | いもうと | younger sister |
| 14. | ざんねん | regrettable, disappointing |
| 15. | *でした | Copula-past |
| 16. | *へ | to (a place) (Particle) |
| 17. | *の？ | Particle. See Note. |
| 18. | ゲーム | game |
| 19. | おかあさん | mother |
| 20. | おにいさん | older brother |
| 21. | *じゃありませんでした | Copula-negative-past |

Notes:

1. いっ<u>た</u> (informal) = いき<u>ました</u> (<u>formal</u>)

2. し<u>た</u> (informal) = し<u>ました</u> (<u>formal</u>)

3. み<u>た</u> (informal) = み<u>ました</u> (<u>formal</u>)

4. おもしろ<u>かった</u> — おもしろ<u>い</u>  is interesting

5. よ<u>かった</u> — い<u>い</u>  is good

6. の？ = か

7. Copula

    いいゲーム　<u>です</u>。　　　　　　　　　　It <u>is</u> a good game.

    いいゲーム　<u>じゃありません</u>。　　　　　It <u>is not</u> a good game.

    いいゲーム　<u>でした</u>。　　　　　　　　　It <u>was</u> a good game.

    いいゲーム　<u>じゃありませんでした</u>。　　It <u>was not</u> a good game.

8. とっても — informal

    とても — formal

II. Grammar Points

1. V-informal-past　　　　　　　　　　いっ<u>た</u>

2. Adjective-informal-past　　　　　　　おもしろ－<u>かった</u>

    Adjective-formal-neg-past　　　　　おもしろく－<u>ありませんでした</u>

3. Copula-past　　　　　　　　　　　　N <u>でした</u>

4. Copula-negative-past　　　　　　　　N <u>じゃありませんでした</u>

5. Particle:　　　　　　　　　　　　　Place<u>へ／に</u>

III. Sentence Pattern

1. なにを　V informal-past ?:　した？／みた？／かいた？
　　　　　　　　　　　　　　　よんだ？／きいた？

2. Nは　Nを　V: した／みた

3. Placeへ／に　V: いく／いった

4. Nは　Adj かった: よかったです／よかった

5. Nは　Adjく ありませんでした：おもしろくありませんでした

6. Nは　N でした。

7. Nは　N じゃありませんでした。

Lesson 12: どこへ いく？

Dialogue 1: Informal conversation between boys

ケン： らいしゅうの しゅうまつ、スキーに いく？

ジム： もちろん。

ケン： どこへ いく？

ジム： クリスタル マウンテンへ いく。 ケンは？

ケン： また、サッカーの れんしゅうに いくよ。

Dialogue 2: Informal conversation between girls

マーサ： せんしゅうの しゅうまつ ダンスに いった？

アン ： ええ、いったわ。

マーサ： だれと いったの？

アン ： ないしょ。

マーサ： わあ、ずるい。 どこへ いったの？

アン ： ミラージよ。 たのしかったわ。

I. Vocabulary

| | | |
|---|---|---|
| 1. | らいしゅう | next week |
| 2. | しゅうまつ | weekend |
| 3. | もちろん | of course |
| 4. | また | again |
| 5. | クリスタル　マウンテン | Crystal Mountain |
| 6. | サッカー | soccer |
| 7. | れんしゅう | practice　c.f. れんしゅうします (Lesson 4) |
| 8. | せんしゅう | last week |
| 9. | ないしょ | secret |
| 10. | わあ | exclamation: Wow! |
| 11. | ずるい | sneaky |
| 12. | ミラージ | Mirage |
| 13. | *たのしかった | was pleasant/fun |
| 14. | *どこへ | where to? |

Notes:

たのし<u>かった</u>　—　たのし<u>い</u>

II. Grammar Points

Interrogative:　　どこへ／に　V？：いきますか

　　　　　　　　<u>にほん</u>へ　いきます。
　　　　　　　　　Place

　　　　どこに V?: いきますか

　　　　<u>ダンス</u>に いきます。(Lesson 10)
　　　　event

III. Sentence Pattern

　　どこへ／に V?: いく／いった

　　Placeへ／に V: いく／いった

　　Eventに　 V: いく／いった (Lesson 10)

# Lesson 13: テレビの　ばんぐみ（１）

Dialogue: Informal Conversation

みき　　：　じゅんくん、テレビを　よく　みる？

じゅん：　うん。　みきさんは？

みき　　：　ときどき　みるわ。　なにを　よく　みる？

じゅん：　コズビーショーを　まいしゅう　みるよ。

みき　　：　コズビーショー？　なんようび？

じゅん：　もくようび。

みき　　：　なんじ　から？

じゅん：　しちじ　から。

みき　　：　あしたは　もくようびね。　わたしも　みるわ。

I. Vocabulary

| | | |
|---|---|---|
| 1. | テレビ | television |
| 2. | よく | often, c.f. よく 'well' (Lesson 4) |
| 3. | *みる | watch, see, look |
| 4. | ときどき | sometimes |
| 5. | なんじ | What time? |
| 6. | コズビーショー | "Cosby Show" |
| 7. | まいしゅう | every week |
| 8. | *も | also, too (Particle) |
| 9. | *から | from (Particle) |
| 10. | スポーツ | sports |
| 11. | コマーシャル | commercial |
| 12. | おんがく | music |
| 13. | ばんぐみ | program |
| 14. | *きく | listen, hear |
| 15. | ビデオ | video tape |
| 16. | しちじ | 7 o'clock |

Notes:

1. みる － みます
2. きく － ききます

II. Grammar Points

1. Particles:　　N-subjectも　マーサさんは　テレビを　みます。

　　　　　　　　　　　　　ジムくん<u>も</u>　みます。
　　　　　　　　　　　　　　　sub

　　　　　　　N-objectも　みきさんは　テレビ<u>を</u>　みる。

　　　　　　　　　　　　　みきさんは　ビデオ<u>も</u>　みる。
　　　　　　　　　　　　　　　　　　　　　　obj

　　　　　　　N-timeから　スポーツの　ばんぐみは　よじ<u>から</u>　です。
　　　　　　　　　　　　　　　　　　　　　　　　　　　time

III. Sentence Patterns

1. Nも　Nを　V: みる／みます／きく／ききます

　　Nは　Nも　V

2. Nは　なんじから？

3. Nは　なんじから　ですか。

4. Nは　Timeから　です。

Lesson 14:　テレビの　ばんぐみ（２）

Dialogue: Formal Conversation

ほんだ：　スミスさん、テレビを　よく　みますか。

スミス：　ええ。　ほんださんは？

ほんだ：　わたしは　あまり　みません。

　　　　　スミスさんは　なにを　よく　みますか。

スミス：　そうですねえ、、、　ニュースショーを　よく　みますね。

ほんだ：　いちど　みましたが、あんまり　よくありませんでしたよ。

スミス：　そうですか。　ぼくは　まいにち　みます。

ほんだ：　なんじから　ですか。

スミス：　十じはんから、十一じまで　です。

ほんだ：　ちょっと　おそい　ですね。

I. Vocabulary

| | | |
|---|---|---|
| 1. | スミス | Mr./Ms. Smith |
| 2. | ほんだ | Mr./Ms. Honda |
| 3. | *みません | doesn't see |
| 4. | そうですねえ | Let me see |
| 5. | ニュースショー | news show |
| 6. | いちど | once (Lesson 4) |
| 7. | *よくありませんでした | was not good |
| 8. | まで | until (Particle) |
| 9. | おそい | late |
| 10. | まいにち | everyday |
| 11. | はん | half |
| 12. | *が | but (Particle) |
| 13. | *あんまり | (not) very much |
| 14. | ニュース | news |
| 15. | ラジオ | radio |
| 16. | はやい | early |
| 17. | カセット | cassette tape |
| 18. | シーディー | compact disc |
| 19. | 十じ | 10 o'clock |
| 20. | 十一じ | 11 o'clock |

Notes:

1. みません          —   みます  to watch
2. あんまり          =   あまり  (Lesson 7)
3. よくありませんでした —  いい   is good

II. Grammar Points

1. Particle:  N-timeまで    六じまで みました。
                             time

   Sentenceが

   ［いいばんぐみです］ が、 ［（そのばんぐみは）おそいですね。］
        sentence 1       but              sentence 2

III. Sentence Pattern

1. Nは #じから #じまで です。

2. <u>Sentence 1</u>  が、 <u>Sentence 2</u>

# Lesson 15: かぞく

Dialogue 1: They are looking at a map and talking.

アン　：　スポケーンは　どこに　ある？

　　　　　ああ、ここに　あるわ。

　　　　　ここに　わたしの　おばさんが　いるの。

マーク：　ぼくの　おじいさんは　イリノイしゅうに　いる。

　　　　　みきさんの　かぞくは　どこに　いるの？

みき　：　おじいさんと　おばあさんは　にほんに　いるの。

　　　　　おとうさんと　おかあさんは　シアトルに　いるわ。

リサ　：　わたしの　おじさんも　にほんに　いる。

　　　　　いま、さっぽろに　いるわ。

ジム　：　さっぽろは　どこに　ある？

ケン　：　そこに　あるよ。　にほんは　ちいさいねえ。

にほんのちず

さっぽろ

ふくおか

きゅうしゅう

Dialogue 2: Formal Conversation

じゅん　　：　せんせい、ふくおかは　どこに　ありますか。

せんせい：　あそこに　ありますよ。　わかりましたか。

じゅん　　：　はい。　きゅうしゅうに　ありますね。
　　　　　　　ここに　ぼくの　しんせきが　います。

ケン　　　：　へえ、、、。　じゅんくんは　にほんから　きましたか。

じゅん　　：　ええ。　ぼくの　かぞくは　1978ねんに
　　　　　　　アメリカへ　きました。

マーサ　　：　にほんは　とおい　ですね。

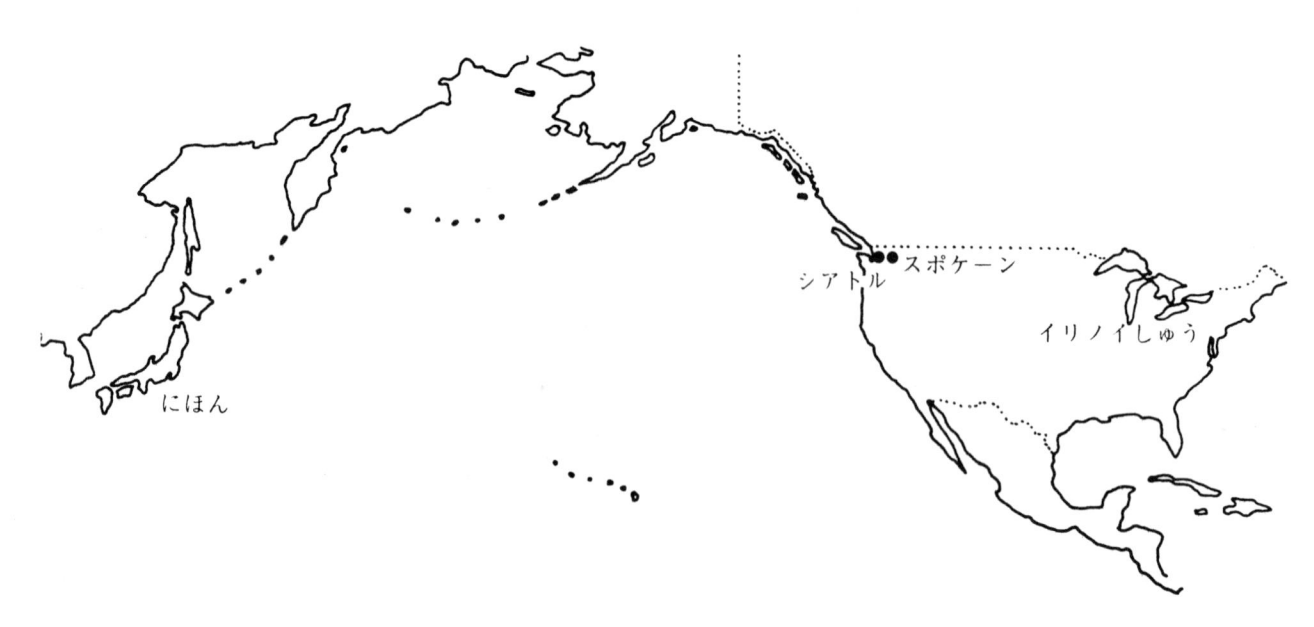

にほんと　アメリカのちず

I. Vocabulary

| | | |
|---|---|---|
| 1. | かぞく | family |
| 2. | スポケーン | Spokane (Washington) |
| 3. | *どこに | (in) where? c.f. どこに (Lesson 12) |
| 4. | *ある | to exist — inanimate |
| 5. | ここ | here, this place |
| 6. | *いる | to exist — animate |
| 7. | *が | Particle — See Grammar Points |
| 8. | イリノイ | Illinois |
| 9. | しゅう | state |
| 10. | にほん | Japan |
| 11. | シアトル | Seattle (Washington) |
| 12. | いま | now |
| 13. | さっぽろ | Sapporo (Japan) |
| 14. | そこ | there, that place |
| 15. | ふくおか | Fukuoka (Japan) |
| 16. | あそこ | over there |
| 17. | きゅうしゅう | Kyushu (Japanese island) |
| 18. | しんせき | relatives |
| 19. | *から | from c.f. から (Lesson 13) |
| 20. | *きました | came |

21. ねん                          year

22. アメリカ                      America

23. *とおい                       far, distant

24. ちず                          map

Notes:

1. いる／います    — to exist (animate)

   ある／あります  — to exist (inanimate

2. きました    ＝ きた　きます  to come

3. とおい →　Don't write とうい。

II. Grammar Points

1. Particle:　N-subject が　　e.g. シアトルに おじさんが います。

   　　　　　N-place から　　e.g. わたしは にほん から きました。
   　　　　　　　　　　　　　　　　　　　　　Place

   　　　　　　　　　　　　このクラスは 十じ からです。(Lesson 13)
   　　　　　　　　　　　　　　　　　　　Time

   　　　　　N-time に　　e.g. 1970ねん に いきました。

2. どこに　　　V: ある／あります／いる／います

   どこに／へ　V: いく／いきます／くる／きます　(Lesson 12)

3. あります v.s. います

   あそこに ざっしが あります。 The/a magazine is there.
   　　　　　 a thing

   あそこに ケンくんが います。 Ken is there.
   　　　　　 person

   あそこに いぬが います。 A dog is there.
   　　　　　 animal

III. Sentence Pattern

1. Nは　どこに　　　　　V ?:　　　ある？／いる？
2. 　　　どこに　　　　　Vますか：　ありますか／いますか
3. N-placeに　Nが　　　V:　　　　ある／あります／いる／います
4. Nは　N-placeから　　V:　　　　きた／きました／くる／きます
5. Nは　#ねんに　　　　V:　　　　くる／きます／いく／いきます

# Appendix

## I. Particles

### Lesson 2

| | | |
|---|---|---|
| ね | | Sentence Final Particle |
| よ | | Sentence Final Particle |
| か | = ? | |

### Lesson 3

| | |
|---|---|
| は | (Subject Marker) |
| の | of, 's' |

### Lesson 4

| | |
|---|---|
| を | (Object Marker) |

### Lesson 6

| | |
|---|---|
| ねえ | Sentence Final Particle |

### Lesson 10

| | |
|---|---|
| と | 'and' |
| に | 'to (a place)' |
| わ | Sentence Final Particle |

### Lesson 11

| | | |
|---|---|---|
| へ | = に | 'to (a place)' |
| の ? | = か | = ? |

Lesson 13

  から  'from the time'

  も  'also, too'

Lesson 14

  が  'but'

  まで  'until'

Lesson 15

  が  (Subject Marker)

  から  'from (a place)'

  に  'in (a place)'

## II. Sentence Patterns

Lesson 3

  Nは  Nです。

  Nは  Nですか。

  (Nは)  だれですか。

Lesson 4

  Nは  Nを V: れんしゅうします／かきます

  Nを   V: よんでください

  Nは   なんですか。

Lesson 5

  Nは  Nじゃありません。

**Lesson 6**

Nを　ください。

Nは　いくらですか。

Nは　#えんです。

Nは　Adjです。

**Lesson 7**

Nは　Adjくありません。

**Lesson 8**

Nは　だれのN　ですか。

Nは　N-personの　Nです。

Nは　N-personの（N）です。

Nは　Adj + N です。

**Lesson 9**

Nは　いつですか。

Nは　N-timeです。

Nは　#がつ#にち　です。

Nは　なんようび　ですか。

**Lesson 10**

Nは　なにを　Vますか。

Nは　なにを　V?: する？

Nは　N-personと　V: いく／いきます／する／します

Nは　N-eventに　V: いく

Lesson 11

    Nは　　なにを V？：した？／みた？／よんだ？／きいた？

    Nは　　Nを V

    Nは　　N-placeへ／に V：いった／いく

    Nは　　Adjかった：よかった／たかかった／おもしろかった

    Nは　　Adjくありませんでした。

    Nは　　Nでした。

    Nは　　Nじゃありませんでした。

Lesson 12

    Nは　　どこへ／に V？：いく？／いった？

Lesson 13

    Nは　　Nを V：みる／みます／きく／ききます

    Nも　　Nを V：みる／きく

    Nは　　なんじから？

    Nは　　なんじから　ですか。

Lesson 14

    Nは　　#じから　#まで　です。

    Sentence 1 が Sentence 2

Lesson 15

    Nは　　　どこに V？：ある？／いる？

    N-placeに　Nが V：ある／あります／いる／います

    Nは　　　N-placeから V：きた／くる

    Nは　　　#ねんに V：いく／いった／くる／きた

# こ、そ、あ、ど

この  
その ｝ Nです。  
あの

この  
その ｝ Nは／を V。  
あの

これは  
それは ｝ Nです。  
あれは

これを  
それを ｝ V：ください／よんでください／かいてください  
あれを

ここに  
そこに  
あそこに ｝ V：います／あります  
どこに

III. Interrogatives

Lesson 3

　　　だれ　ですか

Lesson 4

　　　なん　ですか

Lesson 6

　　　いくら　ですか

Lesson 8

　　　だれの　ですか
　　　だれのN　ですか

Lesson 9

　　　いつ　ですか

　　　なんようび　ですか

Lesson 10

　　　なにを　V ?: する

Lesson 12

　　　どこに　V ?: いく
　　　だれと　V ?

Lesson 13

　　　なんじから　ですか

Lesson 15

　　　どこに　V ?: いる／ある

IV. Verbs

| －ます V-formal | V-informal non-past | V-informal past た／だ |
|---|---|---|
| **Lesson 3** | | |
| おねがいします | おねがいする | おねがいした |
| **Lesson 4** | | |
| れんしゅうします | れんしゅうする | れんしゅうした |
| わかります | わかる | わかった |
| できます | できる | できた |
| よみます | よむ | よんだ |
| いいます | いう | いった |
| **Lesson 5** | | |
| かきます | かく | かいた |
| みせます | みせる | みせた |
| **Lesson 10** | | |
| します | *する | *した |
| いきます | いく | いった |
| **Lesson 11** | | |
| みます | みる | みた |
| **Lesson 15** | | |
| あります | ある | あった |
| います | いる | いた |
| きます | *くる | *きた |

Verb Formal Suffix

| non-past affirmative | non-past negative | past affirmative | past negative |
|---|---|---|---|
| －ます | －ません | －ました | －ませんでした |

## V. Copula

| non-past affirmative | non-past negative | past affirmative | past negative |
|---|---|---|---|
| －です | －じゃありません | －でした | －じゃありませんでした |

## VI. Informal Adjectives

| non-past affirmative | non-past negative | past affirmative | past negative |
|---|---|---|---|

Lesson 6

| | | | |
|---|---|---|---|
| ちいさい | ちいさくない | ちいさかった | ちいさくなかった |
| おおきい | おおきくない | おおきかった | おおきくなかった |
| くろい | くろくない | くろかった | くろくなかった |
| あおい | あおくない | あおかった | あおくなかった |
| あかい | あかくない | あかかった | あかくなかった |

Lesson 7

| | | | |
|---|---|---|---|
| おもしろい | おもしろくない | おもしろかった | おもしろくなかった |
| つまらない | つまらなくない | つまらなかった | つまらなくなかった |
| たかい | たかくない | たかかった | たかくなかった |
| やすい | やすくない | やすかった | やすくなかった |

Lesson 8

| | | | |
|---|---|---|---|
| いい | *よくない | *よかった | *よくなかった |
| しろい | しろくない | しろかった | しろくなかった |

| かわいい | かわいくない | かわいかった | かわいくなかった |
| あたらしい | あたらしくない | あたらしかった | あたらしくなかった |

### Lesson 9

| むずかしい | むずかしくない | むずかしかった | むずかしくなかった |
| やさしい | やさしくない | やさしかった | やさしくなかった |

### Lesson 12

| たのしい | たのしくない | たのしかった | たのしくなかった |
| ずるい | ずるくない | ずるかった | ずるくなかった |

### Lesson 14

| おそい | おそくない | おそかった | おそくなかった |

### Lesson 15

| とおい | とおくない | とおかった | とおくなかった |

### Formal Form Suffix

| －い－です | －くありません | －かった－です | －くありませんでした |

## VII. Classifiers

### Lesson 6

#えん

### Lesson 9

#がつ

#にち／か

#ようび

### Lesson 13

#じ

Lesson 15

♯ねん

かたかな

Lesson 3

クラス

ジム　ブッシュ

リサ　ワシントン

マーク　キム

マーサ　チャン

ケン　マクドナルド

アン　ホワイト

Lesson 6

デパート

ボールペン

ビル

Lesson 9

テスト

クリスマス

イブ

カレンダー

Lesson 10

テニス

スキー

ダンス

ゴルフ

バスケット

フットボール

　　パーティー

Lesson 11

　　マクドナルド

　　ゲーム

　　レインマン

Lesson 12

　　サッカー

　　クリスタル

　　マウンテン

　　ミラージ

Lesson 13

　　コズビーショー

　　コマーシャル

　　テレビ

　　スポーツ

　　ビデオ

Lesson 14

　　ニュースショー

　　カセット

　　スミス

　　ニュース

　　ラジオ

Lesson 15
スポケーン
イリノイ
アメリカ
シアトル

かんじ
一　いち
二　に
三　さん
四　し／よん
五　ご
六　ろく
七　しち／なな
八　はち
九　きゅう／く
十　じゅう
百　ひゃく
千　せん
万　まん

| Vocabulary | | Lesson |
|---|---|---|

## あ

| | | |
|---|---|---|
| あいさつ | greeting | 2 |
| あとで | later | 2 |
| あなたの | your, yours | 3 |
| ありがとうございます | Thank you | 6 |
| あかい | red | 6 |
| あおい | blue | 6 |
| あまり | (not) very much | 7 |
| あたらしい | new | 8 |
| あっ | Oh! | 8 |
| ああ | Oh | 8 |
| あした | tomorrow | 10 |
| ある | to exist | 15 |
| あります | to exist | 15 |
| あそこ | that place over there | 15 |
| あの | that (something) over there | 4 |
| あれは | that one over there (subject) | 6 |
| あれを | that one over there (object) | 6 |

## い

| | | |
|---|---|---|
| いいえ | No | 2 |
| いちど | one time, once | 4 |
| いってください | Please say/tell | 4 |
| いいます | to say | 4 |
| いくら | How much? | 6 |
| いい | good | 8 |
| いぬ | dog | 8 |
| いきます | to go | 10 |
| いく | to go | 10 |
| いった | went | 11 |
| いきました | went | 11 |
| いもうと | younger sister | 11 |

|  |  | Lesson |
|---|---|---|
| いる | to exist | 9 |
| いつ | When? | 9 |
| いま | now | 15 |

## う

| うん | Yes | 2 |
|---|---|---|
| ううん | No | 10 |
| うち | house | 8 |

## え

| ええ | Yes | 2 |
|---|---|---|
| えんぴつ | pencil | 6 |
| えん | yen (¥) | 6 |
| えいが | movie | 10 |

## お

| おはようございます | Good morning. | 2 |
|---|---|---|
| おげんきですか | How are you? | 2 |
| おかげさまで | I am fine. | 2 |
| おねがいします | Please do (something for me) | 3 |
| おおきい | big | 6 |
| おもしろい | interesting | 7 |
| おもしろかった | was interesting | 11 |
| おじいさん | grandfather | 9 |
| おばあさん | grandmother | 9 |
| おばさん | aunt | 9 |
| おじさん | uncle | 9 |
| おとうさん | father | 10 |
| おかあさん | mother | 11 |
| おねえさん | older sister | 10 |
| おにいさん | older brother | 11 |
| おとうと | younger brother | 11 |
| おんがく | music | 13 |

|  |  | Lesson |
|---|---|---|
| おそい | late, slow | 14 |

## か

| か | Sentence Final Particle | 2 |
|---|---|---|
| かたかな | katakana | 4 |
| かきます | to write | 5 |
| かいてください | Please write | 5 |
| かきました | wrote | 5 |
| かさ | umbrella | 8 |
| かわいい | cute | 8 |
| かいもの | shopping | 10 |
| かぞく | family | 15 |
| から | from   (Particle) | 13 |
| が | Particle(subject) | 15 |
| が | but   (Particle) | 14 |
| がっこう | school | 8 |

## き

| きょう | today | 4 |
|---|---|---|
| きいてください | Please listen. | 4 |
| ききます | to listen | 13 |
| きく | to listen | 13 |
| きょうかしょ | textbook | 7 |
| きんようび | Friday | 9 |
| きのう | yesterday | 11 |
| きゅうしゅう | Kyushu | 15 |

## く

| くん | Mr. | 2 |
|---|---|---|
| ください | Please give me (something) | 5 |
| くろい | black | 5 |

|  |  |  | Lesson |
|---|---|---|---|
| け |  |  |  |
|  | げんきです | (I) am fine | 2 |
| こ |  |  |  |
|  | こんにちは | How are you? | 2 |
|  | こんばんは | Good evening. | 2 |
|  | この | this (something) | 4 |
|  | これは | this one (subject) | 6 |
|  | これを | this one (object) | 6 |
|  | ここ | here, this place | 15 |
|  | ごじゅう | 50 | 6 |
| さ |  |  |  |
|  | さようなら | Good-bye | 2 |
|  | さん | Ms./Mr./Mrs. | 2 |
|  | さあ | hmm..., well... | 4 |
|  | ざっし | magazine | 7 |
|  | ざんねん | regrettable, disappointing | 11 |
|  | さっぽろ | Sapporo | 15 |
| し |  |  |  |
|  | じゃあ | well then | 2 |
|  | じこしょうかい | self-introduction | 3 |
|  | しつれいですが | Excuse me but... | 3 |
|  | じゃありません | Copula-negative | 5 |
|  | しろい | white | 8 |
|  | じゅうがつ | October | 9 |
|  | します | to do | 10 |
|  | した | did | 11 |
|  | しました | did | 11 |
|  | しゅくだい | homework | 11 |
|  | しゅうまつ | weekend | 12 |

88

|  |  | Lesson |
|---|---|---|
| しゅう | state | 15 |
| しんせき | relatives | 15 |

## す

| する | to do | 10 |
| ずるい | sneaky | 12 |

## せ

| せんせい | teacher | 2 |
| せいと | student | 2 |
| せんしゅう | last week | 12 |

## そ

| そうです | That's right. | 4 |
| それは | that one (subject) | 6 |
| それを | that one (object) | 6 |
| その | that (something) | 4 |
| そうですか | Is that right?, Really? | 8 |
| そうですねえ | Let me see. | 14 |
| そこ | here, that place | 15 |
| それから | and then | 11 |

## た

| だれですか | Who is it? | 3 |
| たかい | expensive | 7 |
| たかくありません | not expensive | 7 |
| たんじょうび | birthday | 9 |
| だれと | with whom | 10 |
| たのしい | pleasant, enjoyable | 12 |
| たのしかった | was pleasant | 12 |
| だれの | whose | 8 |

|  |  | Lesson |
|---|---|---|
| ち | | |
| ちいさい | small | 6 |
| ちょっと | a little bit, for a while | 5 |
| ちず | map | 15 |
| つ | | |
| つまらない | boring | 7 |
| て | | |
| です | Copula | 3 |
| でした | Copula-past | 11 |
| できました | to have done (something) | 4 |
| では | Then | 4 |
| と | | |
| ともだち | friend | 10 |
| どうぞ | please | 3 |
| とても | very | 7 |
| と | and (Particle) | 10 |
| どこに | to where | 12 |
| ときどき | sometimes | 13 |
| とおい | far | 15 |
| な | | |
| なまえ | name | 3 |
| なに | what | 10 |
| なん | what | 4 |
| ないしょ | secret | 12 |
| なんじ | What time? | 13 |
| なんようび | What day of the week? | 9 |

|  |  |  | Lesson |
|---|---|---|---|
| に |  |  |  |
|  | にほんご | Japanese (language) | 4 |
|  | にひゃく | 200 | 5 |
|  | にんきがあります | is popular | 7 |
|  | に | to (Particle) | 10 |
|  | にほん | Japan | 15 |
| ぬ |  |  |  |
| ね |  |  |  |
|  | ね | Sentence Final Particle | 2 |
|  | ねえ | Sentence Final Particle | 5 |
|  | ねこ | cat | 8 |
|  | ねん | year | 15 |
| の |  |  |  |
|  | の | Particle (object) | 3 |
|  | の | Sentence Final Particle | 15 |
|  | の？ | Sentence Final Particle | 11 |
| は |  |  |  |
|  | はい | Yes | 2 |
|  | はじめまして | How do you do? | 3 |
|  | ばんぐみ | program | 13 |
|  | *は [wa] | Particle (subject) | 3 |
|  | はん | half | 14 |
|  | はやい | early | 14 |
| ひ |  |  |  |
|  | ひらがな | hiragana | 4 |
|  | ひと | person | 8 |

|  |  |  | Lesson |
|---|---|---|---|
| ふ |  |  |  |
|  | ふくおか | Fukuoka | 15 |
| へ |  |  |  |
|  | *へ [e] | to (Particle) | 11 |
| ほ |  |  |  |
|  | ぼくは | I | 3 |
|  | ぼくの | my, me | 8 |
|  | ほん | book | 7 |
|  | ほんや | bookstore | 7 |
| ま |  |  |  |
|  | また | again, too | 2 |
|  | まんが | comic | 7 |
|  | まいしゅう | every week | 13 |
|  | まで | until | 14 |
|  | まいにち | everyday | 14 |
| み |  |  |  |
|  | みなさん | everybody | 7 |
|  | みせてください | Please show | 5 |
|  | みせ | shop, store | 6 |
|  | みんなで | in all together | 4 |
|  | みる | to watch, to look, to see | 13 |
|  | みた | saw, watched | 11 |
|  | みます | to watch, to see, to look | 13 |
|  | みません | not watch, not see, not look | 14 |
| む |  |  |  |
|  | むずかしい | difficult | 9 |

|  |  | Lesson |
|---|---|---|
| むずかしくありません | not difficult | 9 |

## め

## も

| もう | more | 4 |
| も | too, also (Particle) | 13 |
| もちろん | of course | 12 |

## や

| やさしい | easy | 9 |
| やすい | cheap | 7 |

## ゆ

## よ

| よ | Sentence Final Particle | 2 |
| よろしく | Nice to meet you. | 3 |
| よく | well, often | 4 |
| よみます | to read | 7 |
| よんでください | Please read | 4 |
| よっか | the 4th day (of the month) | 9 |
| よかった | was good | 11 |
| よくありませんでした | was not good | 14 |

## ら

| らいしゅう | last week | 12 |

## り

## る

|  |  | Lesson |
|---|---|---|
| れ | | |
| れんしゅうします | to practice | 4 |
| れんしゅう | practice | 12 |
| ろ | | |
| わ | | |
| わ | Sentence Final Particle | 15 |
| わたしは | I | 3 |
| わたしの | my, me | 8 |
| わかります | to understand | 4 |
| わかりません | not understand | 4 |
| *は | Particle — See は | 3 |
| を | | |
| を [o] | Particle (Object) | 4 |

にほんかい

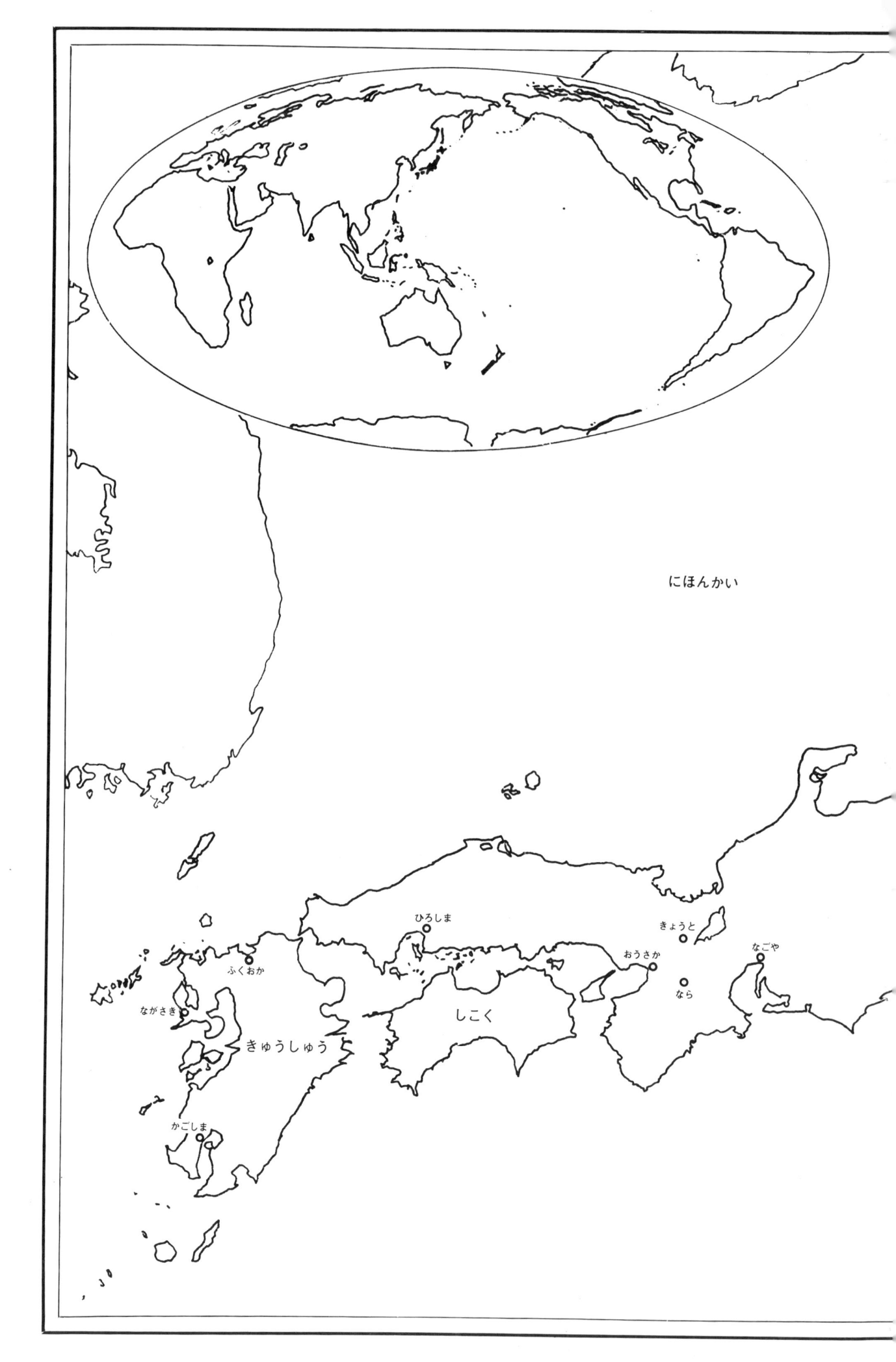

ひろしま　きょうと　なごや
ふくおか　　　　　おうさか
ながさき　　　　　なら
きゅうしゅう　しこく
かごしま